Mandalas de bolso

V&R EDITORAS

12.

Título original: *Mandalas de bolsillo 12*
Tradução: Fabrício Valério
Diagramação: Pamella Destefi

www.vreditoras.com.br

Rua Coronel Lisboa, 989 – CEP 04020-041 – Vila Mariana – São Paulo – SP
Tel./Fax: (55 11) 4612-2866 • e-mail: editoras@vreditoras.com.br

ISBN 978-85-7683-398-7

1ª edição, 2012 | 2ª reimpressão, 2015

Impressão e acabamento: Type Brasil
Impresso no Brasil • Printed in Brazil

Dados Internacionais de Catalogação na Publicação (CIP)
(Câmara Brasileira do Livro, SP, Brasil)

Pilastre, Christian
Mandalas de bolso 12 / ilustrações Christian Pilastre; [tradução Fabrício Valério]. – São Paulo, SP: Vergara & Riba Editoras, 2012.

Título original: Mandalas de bolsillo 12.
ISBN 978-85-7683-398-7

1. Desenhos 2. Mandala I. Título.

12-08258 CDD-291.37

Índices para catálogo sistemático:
1. Mandalas: Desenhos sagrados: 291.37

Contém 46 mandalas, tamanho bolso,
do ilustrador Christian Pilastre.

A mandala é a FORMA mesma da VIDA, do crescimento a partir de um ponto nutritivo que proporciona energia ao conjunto. É a imagem do constante ir e vir entre o interior e o exterior, do movimento vital de todo ser, que oscila entre a expansão e a volta ao centro para encontrar nele a fonte. É a força centrífuga, que estimula a criança a explorar seu próprio "eu", e a força centrípeta, que devolve ao adulto a introspecção.

Conselhos e sugestões

A experiência nos mostra que certas regras devem ser respeitadas:

- É uma atividade livre, nunca deve ser imposta.
- Trabalhar à luz do dia ou com boa iluminação.
- Nunca começar outra mandala antes de terminar a anterior.

AMIN
HUM
OM
AUM

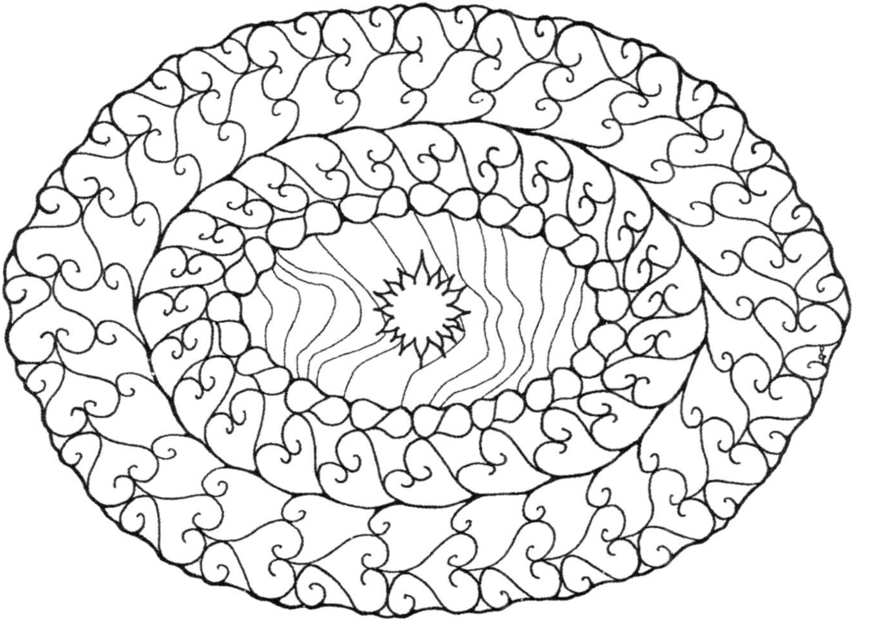

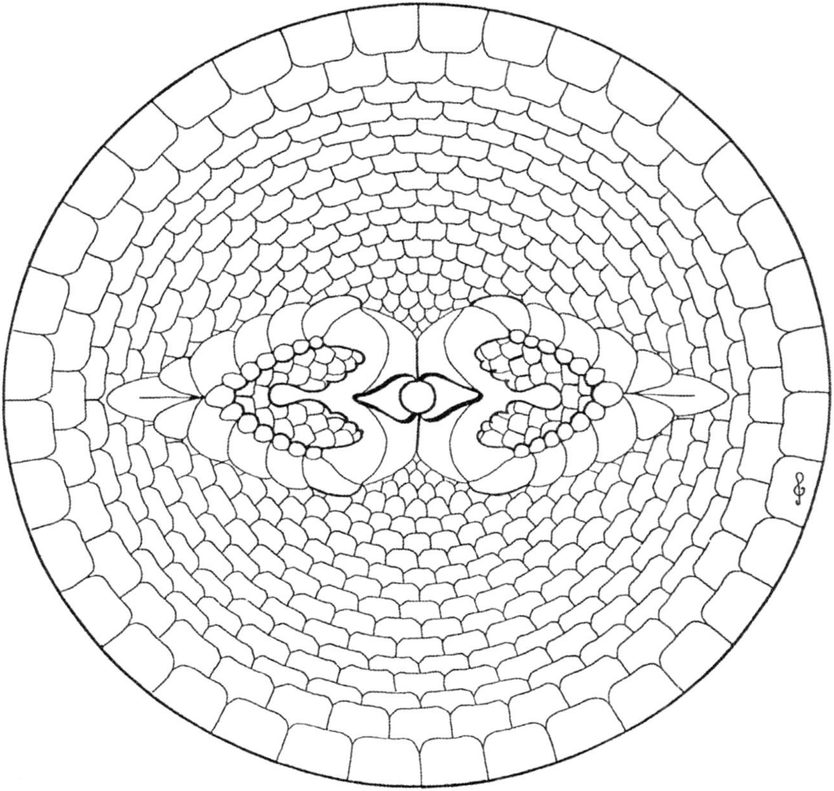

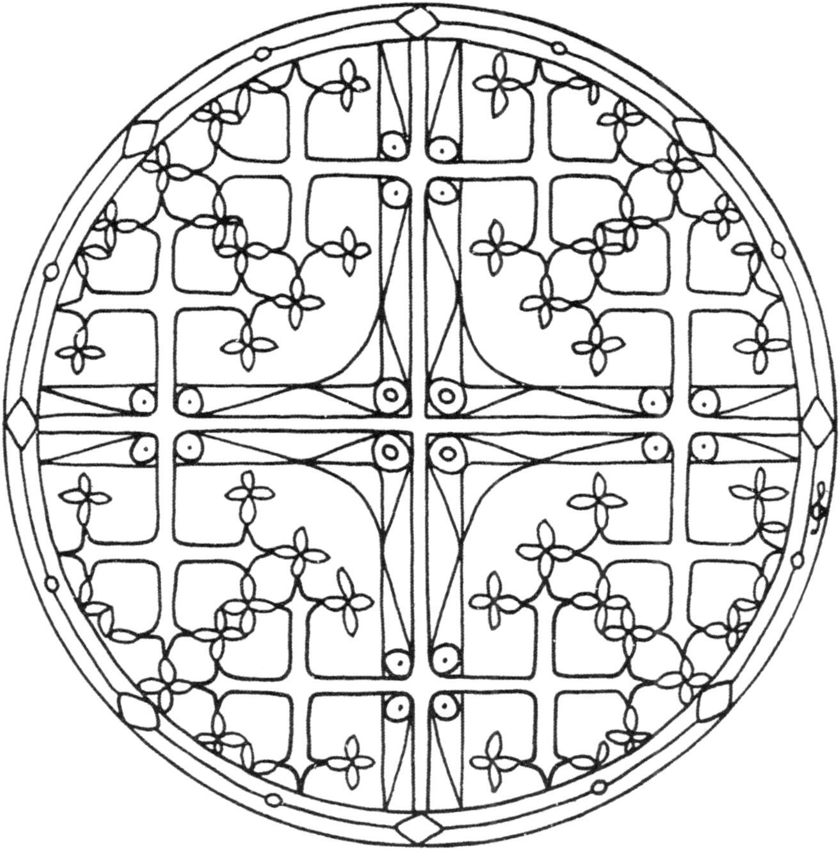

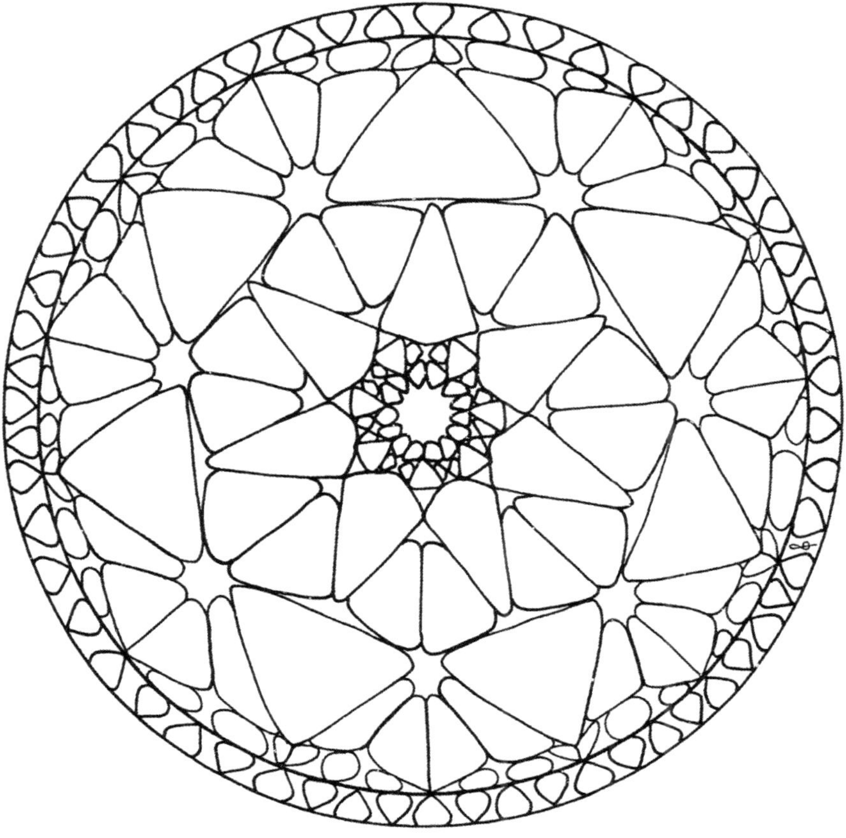